诗画甲骨文

SHIHUA JIAGUWEN

金德生 著　曲 强 绘

商务印书馆国际有限公司
中国·北京

图书在版编目（CIP）数据

诗画甲骨文 / 金德生著 ; 曲强绘 . -- 北京 : 商务印书馆国际有限公司 , 2024.1
ISBN 978-7-5176-0933-9

Ⅰ . ①诗…　Ⅱ . ①金…　②曲…　Ⅲ . ①甲骨文—少儿读物　Ⅳ . ① K877.1-49

中国国家版本馆 CIP 数据核字（2023）第 210023 号

SHIHUA JIAGUWEN

诗画甲骨文

著　　者　金德生
绘　　者　曲　强
出版发行　商务印书馆国际有限公司
地　　址　北京市朝阳区吉庆里 14 号楼
　　　　　　佳汇国际中心 A 座 12 层
邮　　编　100020
电　　话　010-65592876（编校部）
　　　　　　010-65598498（市场营销部）
网　　址　www.cpi1993.com
印　　刷　北京中科印刷有限公司
开　　本　880mm × 1230mm　1/32
字　　数　150 千字
印　　张　7
版　　次　2024 年 1 月第 1 版第 1 次印刷
书　　号　ISBN 978-7-5176-0933-9
定　　价　39.80 元

序 言

甲骨文是我国迄今为止发现的年代最早的成熟文字，是汉字的源头和中华优秀传统文化的根脉，约 3000 多年前的古人，就已开始使用。据著名甲骨文字学家孙海波先生的《甲骨文编》统计，商周时期使用的甲骨文有 4500 字甚至 5000 字以上。

1899 年，我的同乡大贤王懿荣先生，在一个偶然的机会，发现了甲骨文，遂将中国汉字的历史推到公元前 1700 多年的殷商时代，作出了伟大贡献，成为甲骨文研究的奠基人。他可与破译罗塞塔石碑的法国人让-弗朗索瓦·商博良并称为两座文字学高峰。

“有了文字，人类于是得到了一种全新而且全面的保存形式，可以把记忆、对话、思维置放于一己的身体之外，这个新的储存仓库比我们的身体更耐久，因此不会随我们失忆、老去以及死亡而跟着灰飞烟灭。”（唐诺《文字的故事》）这说明，文字是有生命力的。

因为甲骨文是契刻在龟的腹甲或牛的肩胛骨上面，完成不易，其字形经过几千年漫长岁月的演化，与今天的文字有了很大差别，大多无法辨认，学习起来有较大困难。经过专家学者的不懈努力，如今能够辨认的甲骨文字约为 1700 个，而能得到公认的仅有 1000 字左右。

甲骨文是中国文化的根，我们每一个中国人都应当了解甲骨文，学习甲骨文。特别是青少年，更应如此。甲骨文就是阿拉伯数字的“123”，就是拼音字母的“abc”，更是中华文化的“DNA”。

本书中，金德生与曲强两位先生，精心挑选了108个汉字，按照甲骨文中象形、指事、会意、形声四大构字法分类，绘以图画，诗以释义，将甲骨文的知识寓于趣味之中，读起来朗朗上口，看起来简单明了，通俗易懂，融会贯通，为在青少年中普及学习甲骨文，开垦出一条便捷之路。这一具有突破性的工作，可谓功在当代，利在千秋。

甲骨文研究学者流沙河先生曾说：“一个汉字就像一台机器，能拆解成零件二三。零件组装配搭各异，造出许多不相同的汉字，正如小孩子玩拼凑七巧板。”（《白鱼解字》自序）甲骨文固然难懂难学，但只要找对了方法，就会激发广大读者的兴趣，调动他们自觉学习的积极性。

金德生先生此前，曾与刘配书先生合著《汉字趣说》等书，这次又与上海美术电影制片厂动画导演曲强先生合作，出版《诗画甲骨文》，由趣说、趣读更上层楼——趣诗加趣画，以独具一格的形式来解甲骨文之疑，启初学者之智，既一脉相承又耳目一新。相信本书一定会成为初学者了解、学习、钻研甲骨文的枕边书。

是为序。

孙贵颂

（著名杂文家，潍坊市作家协会副主席）

目　录

象形字

指事字

会意字

形声字

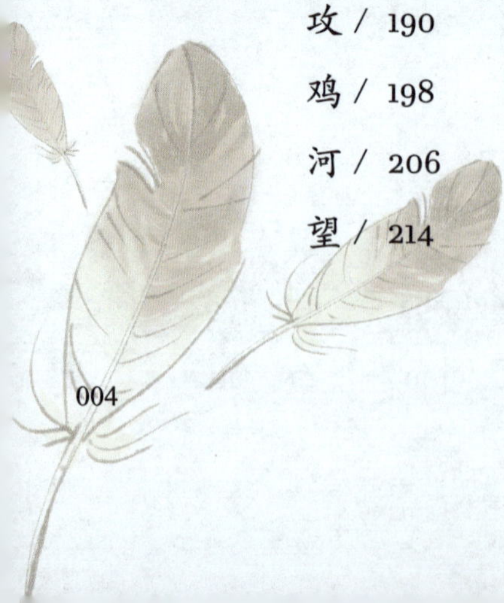

象形字

rén
人

字形演变：

甲骨文　金文　小篆　隶书

人像侧立形，

见头背臂胫（jìng）。

天地生万物，

人类最为尊。

因何人尊贵？

人性心怀仁。

人与人友善，

相爱共依存。

【解说】

“人”字像人的形象。无论是甲骨文“”，还是金文“”、小篆（zhuàn）“”，都像人侧立正在拱手作揖（yī）的形状，可以看见头、背、手臂和腿。许慎在《说文解字》（以下简称《说文》）中说，人是天地万物之中最宝贵的东西（“天地之性最贵者也”）。人之所以“最宝贵”，是由于人有仁爱之心。正如我国著名思想家孟子所说：“仁也者，人也。”东汉儒学家郑玄也说：“爱人及物曰仁，上下相亲曰仁。”这些话说的都是，要爱他人、爱万物，要尊老、要爱幼，这样才是一个仁人君子。

tǔ 土

字形演变：

甲骨文　金文　小篆　隶书

一横是地面，
上面有土块。
土字读若吐，
兼（jiān）把字义解：
草木蓬勃长（péng bó zhǎng），
地里吐出来。
土壤防污染，
保护好生态。

【解说】

“土”的甲骨文“”简直就像一幅简笔画：地上面有块土疙瘩（gē · da）。有的写成“”，土块上还有土屑屑呢！更为有趣的是，“土”的读音 tǔ，同“吐”。于是，对“土”的字义就有了拟人化的解释。《说文》解释说，“土”，是能够吐生万物的土地（“地之吐生物者也”）。其实，“土”的本义就是“地”。我国近代古文字学家、甲骨文研究四大家之一的罗振玉先生说：“土”和“地”是古今字，秦汉以后才开始有了分工：“土”为泥土，“地”为土地。

kǒu
口

字形演变：

甲骨文　金文　小篆　隶书

口是人的嘴，
管说又管吃。
闭口含美食，
酸甜苦辣咸。
开口出声音，
片语或只言。
有言必有行，
才不落口实。

【解说】

“口”字就像张开的嘴巴。《说文》认为，口是人用来说话、吃食物的器官（“人所以言食也”）。人们在进食的时候，通常会把食物放在嘴里含上片刻，这就表明，嘴巴还具有辨别滋味的功能。“口”的另一功能是说话，书面语称为“言”。宋代史学家郑樵（qiáo）在《六书略》里解释说，从舌头上发出的声音，称之为言。古人认为“言”分两类：直接讲话叫“言”，议论辩驳叫“语”。现在，用语言来进行表达，我们可以统一称为“说话”。

nǚ
女

字形演变：

甲骨文	金文	小篆	隶书
	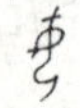		女

女像操作状，
在做家务事。
早晚忙饭菜，
家人不愁吃。
养蚕抽蚕丝，
纺纱又制衣。
未嫁称处女，
出嫁为人妻。

【解说】

“女”是指女性。甲骨文“”写得很有动感，正如古文字学家李孝定在《甲骨文字集释》中所说的，就像妇女双膝跪地、两手有所操作的形状，表示正在干着纺纱织布之类的工作，旧时称之为“女红（gōng）”。在古文中，“女”与“妇”这两个字的字义是有所区别的，文字学家朱骏（jùn）声在他的文字音韵书《说文通训定声》（以下简称《通训定声》）中说，未出嫁前称“女（处女）”，嫁人后称“妇”。在现代汉语中，“女”已经泛指所有的女性了。

zǐ
子

字形演变：

甲骨文　金文　小篆　隶书

子是指小孩，
上面圆脑袋，
身在包裹（guǒ）中，
两手伸在外。
呱（gū）呱出娘胎，
哭声喊出来。
嗷（áo）嗷待哺（bǔ）时，
扑进母亲怀。

【解说】

“子”的本义是小孩。从“子”的甲骨文字形不难看出，上面的“口”是个圆圆的小脑袋，当中有两只舞动的小手，下面的一竖表示腿。那么，小孩明明有两条腿，怎么只成了一条了呢？唐代著名的书法家李阳冰（李白的堂叔）是这样解释的：小孩的身子裹在襁褓（qiǎng bǎo）之中，两条腿不就并在一起了吗？这样的做法在以前叫作“打蜡烛包”，就是说把新生儿的双腿拉直，双臂也拉直紧贴在身体的两侧，然后用包单把小儿包裹起来，并捆上绳子。但这种做法对新生儿的生长发育不利，现在已经不常见，而是代替为能给宝宝更多活动空间的“襁褓包”了。

mǎ 马（馬）

字形演变：

甲骨文　金文　小篆　隶书

馬儿特精神，

头昂圆眼睁，

tí
铁蹄分四点，

zōng
刚鬃画三横。

xùn
野马难驯服，

chěng
战马逞威风。

一马打头阵，

万马齐奔腾。

【解说】

“马”的繁体写作“馬”。甲骨文字形“”像马的头部、鬃毛、一尾、二足（从侧面看上去）的形状。《说文》解释说，“马”是昂首怒目，威武雄壮的动物（“怒也，武也”）。清代训诂学家桂馥（fù）《说文解字义证》（以下简称《义证》）说，《说文》把“马”解释为“武也、怒也”，是指它的高大健壮、气度非凡。唐代画家韩幹以画马而得名于世，当代以徐悲鸿画马为翘（qiáo）楚。

jǐng
井

字形演变：

甲骨文　金文　小篆　隶书

井字像井口，
防险木栏围。
水旱无自来，
凿井可取水。
浇灌(guàn)禾苗壮，
饮用甘如饴(yí)。
挖井人辛苦，
感恩莫忘记。

【解说】

甲骨文和金文的“井”字字形都是两横两竖相交，像架在井口的围栏形状。古人把井上的木栏称为“韩”，所以《说文》才说“象构韩形”。许慎还说是传说中舜（shùn）的大臣伯益最早发明了井。古代奴隶（lì）社会实施“井田制”，就是把一块田地划分为九块，形状像“井”字，中间的一块是公田，公田里凿（záo）一口井，所以就有八家共用一口井的说法；且交易、买卖也都在井边进行，所以又出现了“市井”这个词。可是，小篆的“井”字当中多了一点，这是为什么呢？清代文字学家王筠（yún）《说文释例》解释说，“井”，表示凿开地面取水，中间的一点就表示井是开凿下去的。有人说，这“一点”是告诉人们，里面有水；也有人说，“一点”代表汲（jí）水的器具。

yún
云（雲）

字形演变：

甲骨文　古文　小篆　隶书

地上太阳晒，

山川气蒸腾。

高空温度低，

水汽凝(níng)成云。

白云一朵朵，

风吹则飘行。

行云可降雨，

雨润草木盛。

【解说】

《说文》解释说，“云”是从山川蒸发出来的气飞腾到天空形成的（“山川气也”）。“云”的甲骨文写作“”。近代语言文字学家杨树达说，“云”是最初的古文，像云回转的形态。可是，后来为什么要加个“雨”字头，写成“雲”呢？清代徐灏（hào）《说文解字注笺》（以下简称《段注笺》）解释说，在文言文中，“云”被借用为语词（有“说”“如此，这样”等义，也有用在句首、句末，不表示实际意义的），于是从小篆开始就加了个部首“雨”。现代汉语又将“雲”简化为“云”了。

chē
车（車）

字形演变：

甲骨文　金文　小篆　隶书

人要出远门，
以車代步行。
中间是车厢（xiāng），
两边有车轮。
车夫推车走，
马匹拉车奔。
今日小轿车，
速度如风云。

【解说】

“车”是陆地上由轮子转动而运行的交通工具。据《太平御览》记载，早在黄帝时期就有造车技术了，所以黄帝的号称作轩辕（xuān yuán）氏（“轩辕”二字都是“车”字旁）。“车”的甲骨文字形像极了从正面看过去的马车：有车篷（péng）、车轮、车轴（zhóu），中间的一竖表示车厢；而金文到隶书的字形，则像俯视看去车厢和车轮组合的形状。“车”有两读：一读 jū，如“居”，意思是说，乘车人在途中可以居住；二读 chē，如“舍”，是说它可以作为乘车人的屋舍。

niú

牛

字形演变：

甲骨文 金文 小篆 隶书

老牛体健壮，
干活最勤劳。
牛角像镰（lián）刀，
响声似军号。
挤出牛奶香，
吃的是青草。
吹笛横牛背，
牧童乐逍遥（xiāo）。

【解说】

《说文》说，牛是体形大的牲畜（shēng chù）（“大牲也”）。“牛”字从甲骨文到小篆字形变化不大，都抓住了牛的主要特点：像两角和头，像肩胛隆起的地方和尾巴的形状。在古代，牛除了耕地、拉车、供人驱使外，往往还充当祭祀（jì sì）用的主要供品，称作“牺牲”，所以“牺牲”二字都是“牛”字旁。

shuǐ
水

字形演变：   水

甲骨文　金文　小篆　隶书

水是指河流，
字形现动态。
四点像小溪，
滴滴汇聚来。
河水奔向东，
欢腾朝大海。
水善利万物，
流水不腐败。

【解说】

“水”的本义是指河流，如“汉水”“渭（wèi）水”等。你瞧甲骨文的“水”字，当中一画表示弯曲形的主流，两侧四点代指汇聚来的支流，总体呈现“众水并流”之状。有个成语叫“流水不腐”，流淌着的水是有自洁能力的，是不会腐臭的。《说文》说“水，准也”，清代文字训诂（gū）学家段玉裁在《说文解字注》（以下简称《段注》）中解释说，“水，准也。准，平也。天下莫平于水”。这就有了“水平”“水准”等词语。

lóng

龙

字形演变：  龍

甲骨文　金文　小篆　隶书

神兽云中龙，

翱(áo)翔在天空。

能幽亦能明，

降雨显神通。

能细亦能巨，

威力大无穷。

华夏锦绣园，

腾飞中国龙。

【解说】

“龙”是传说中的神兽，它貌似鳄（è）鱼，张牙舞爪；形同蟒（mǎng）蛇，蜿蜒（wān yán）曲折；身像鲤鱼，遍体银鳞……从以上描述的形象看，它应该是个“四不像”。《说文》说：“龙，鳞虫之长，能幽能明，能细能巨，能短能长，春分而登天，秋分而潜渊（yuān）。”据此不难想见，“龙”是人类想象出来的，并且是捉摸不定、幻化无穷的。龙是中国人想象力的伟大创造，早在八千年前，中国人就开始了“龙崇拜”。封建时代，“龙”与权力地位直接挂钩，皇帝的朝服叫“龙袍”，身体叫“龙体”，生的孩子叫“龙子”，等等。现代社会，“龙”已经成为中华民族最具代表性的文化因素，它早已融入国人的血液之中，成为我们的精神纽带。新年贺辞常说“龙马精神”“龙凤呈祥”，夸赞别人常说“凤表龙姿”，表达期许常说“望子成龙”，更是称我们自己为“龙的传人”。

mù

目

字形演变：

甲骨文　金文　小篆　隶书

目字像其形，
表示人眼睛。
框内写二画，
眼中有瞳(tóng)仁。
视力保护好，
读书有精神。
目光亮晶晶，
定是聪明人。

【解说】

甲骨文“”和金文“”，字形就像人的眼睛，惟妙惟肖（xiào）：外面像眼框，当中似瞳仁，远看眼珠动，近看很精神。可是小篆“”，字形发生了很大变化，这是为什么呢？南唐文字训诂学家徐锴（kǎi）《说文解字系传》（以下简称《系传》）解释说，古文目字的写法本来是横着的，后来变横为直，又改成方形了。显然，这样的改变，不仅书写起来方便，而且也不会与横着的“四”字混淆（xiáo）了。

tián

田

字形演变：

甲骨文　金文　小篆　隶书

四方一块田，

庄稼种里面。

十字像垄(lǒng)沟，

外围是界边。

我国人口多，

粮食是关键。

农业发展好，

岁岁庆丰年。

【解说】

凡是经过开垦（kěn），用于种植稻麦等农作物的土地都叫“田”。从字形看，外框是田的边界，框里面纵横笔画表示垄沟。东汉学者应劭（shào）《风俗通》中说，田间纵横交错的小路，南北向的称为“阡（qiān）”，东西向的称为“陌”。值得一提的是，甲骨文“田”，反映了商周时期实行“井田制”的历史。《孟子·滕文公上》里介绍“井田制”说，将九百亩田划成九等份，当中为“公田”，由八家农户共同耕种，所得归公，充当赋税（fù shuì）；周边为八户农家的“私田”，收获用以养家糊口。

niǎo
鸟

字形演变：   鳥

甲骨文 金文 小篆 隶书

鸟是长尾禽（cháng qín），
羽毛披全身。
嘴尖善捉虫，
爪厉抓物紧。
振翅空中飞，
鸣叫婉（wǎn）转声。
鸟在地上走，
不退只前进。

【解说】

“鸟”的甲骨文字形就是对鸟的形态的一种栩（xǔ）栩如生的模拟：上方是鸟头、尖喙（huì），中间是身体，身体的右下方为翅膀、羽毛，左下方是腿和爪。“关关雎鸠（jū jiū），在河之洲”，这句耳熟能详的诗出自《诗经》的起首篇《关雎》。“雎鸠”是一种水鸟。有趣的是“雎”字的部首是“隹（zhuī）”，“鸠”字的部首是“鸟”。《尔雅·释鸟》说：“短尾名隹，长尾名鸟。”其实这样的分类不是百分百科学的。当代文字学家蒋人傑（jié）《说文解字集注》就说：“隹鸟古本一字，笔画有繁简耳。……鸟尾长者如雉（zhì）与雞（jī），而并从隹，尾之短者莫如鹤鹭凫鸿（hè lù fú hóng），而均从鸟，可见强分之未必得矣。”同样的道理，我们可以再思考一下：“鹰”这个字里既有“隹”又有“鸟”，它究竟是长尾巴，还是短尾巴？

yòng
用

字形演变：

甲骨文　金文　小篆　隶书

用字像木桶，
外圆腹中空。
腹空容量大，
物品放其中。
盛水半漏(lòu)去，
桶上必有洞。
短板补齐后，
依然有作用。

【解说】

“用”的字形像桶状器具。杨树达《积微居小学述林·释用》说，“用”是“桶”最初的文字，凡是可以装进物品的器具都可以称之为桶。那么，本来是指“桶”，怎么又成了有用没用的“用”了呢？这就是文字学里所说的借代。“用”作为桶时，既然可以置放各种物件，它的用处就非常多。后来，就在“用”顶上加个提把成了“甬（yǒng）”；又因为是木制器具，再加个木字旁，就造出了形声字“桶”。这一来，“用”最初的含义消失，完全被“有用”之“用”专用了。

cè
册

字形演变：

甲骨文　金文　小篆　隶书

册是古简策，
竹简连成排。
皮绳串竹简，
可卷可展开。
孔子读周易，
绳子断三回。
读书要勤奋，
长大可成才。

【解说】

“册”字古文与“策”相通，表示用皮绳把竹简串连成卷册。在西汉出现造纸术、东汉蔡伦改进造纸术之前，文书只能写在竹简、帛（bó）等材料上。平常用的竹简短的一尺，长的二尺；法律文书用的竹简长三尺，所以叫“三尺律”。一根竹简上写不了几个字，字多的文书就得写在好多竹简上，于是，就给竹简穿上绳子，可卷起可展开，使用非常方便。《史记》中记载孔子勤读《周易》，简册上的皮绳断坏了好几次，这一典故也产生了一个成语“韦编三绝”，用来比喻读书治学勤奋刻苦。

ěr
耳

字形演变：

甲骨文　金文　小篆　隶书

耳长（zhǎng）脸两旁，
造字很形象：
外沿像耳廓（kuò），
耳穴在中央。
耳朵听声音，
还能辨方向。
小孩耳目好，
定是聪明郎。

【解说】

《说文》解释说，“耳”是主管听声音的器官（“主听也”）。它的字形像耳朵的形状：外面是轮廓，当中两横表示耳穴。有个成语叫“耳聪目明”，用以形容头脑清醒、目光敏锐。耳朵听觉好叫“聪”，眼睛视觉好叫“明”。由此可见，从小保护好耳朵和眼睛，是多么重要啊！

wǎng

网

字形演变：

甲骨文　金文　小篆　隶书

绳子结成网，

可收也可张。

撒网江河中，

收网鱼满舱。

张网树丛边，

飞鸟难逃亡。

劝人莫犯法，

头上有天网。

【解说】

甲骨文字形“”像一张打鱼捕鸟的网。金文、小篆字形也是表现张网的样子。我国古代早就掌握了织网技术。传说人类始祖伏羲（xī）氏发明了编织绳索用以捕鱼，就给这种工具取名叫“网”。用网也是可以捉鸟的，只不过改称为“罗”，所以就有了“门可罗雀”之说。你瞧繁体的“羅”字，上面的“罒”是网，而下右部有个“隹”，就表明这种网是用来抓鸟的。

huí
回

字形演变：

甲骨文　古文　金文　小篆　隶书

大圈套小圈，
本义是回旋。
旋涡水流急，
险情在深渊。
儿童打陀螺（tuó luó），
旋转不停歇。
游子出远门，
盼望早回还。

【解说】

“回”的字形是大圈套小圈，本义是表示水流淌到陷阱（jǐng）处，因湍（tuān）急而形成绕圈运转的状态。凡是出现旋涡的地方，下面必定是深坑，危险得很，这就有了“万丈深渊”一说。这里的“渊”指的是水的回旋。孔子有个学生姓颜名回字渊，正是用的这个意思。鲁迅先生笔下的孔乙己，把“回”字写成“囘”。这个“囘”其实是“回”的古文，孔乙己正是想以此来显示自己有学问。

zhú
竹

字形演变：  竹

甲骨文　金文　小篆　隶书

竹像两竹枝，
片片叶下垂。
嫩芽名竹笋，
做菜味鲜美。
粗竹做建材，
细竹可晾(liàng)衣。
儿童玩游戏，
翠竹当马骑。

【解说】

竹子属于草本植物，竹胎生于冬天，破土而出后枝不凋（diāo）而叶常绿。“竹”的字形像两枝竹子枝条，叶子呈下垂状。竹子用途广，跟人们的生活关系密切。常言道：宁可食无肉，不可居无竹。所以，乡间房舍前后大都有一片竹林。由于“竹”的读音与“祝”相近，画家画墨竹送人，总爱题上“竹报平安”四字，借此表示祝福。

zì
自

字形演变：

甲骨文　金文　小篆　隶书

自字像人鼻，
原是古鼻字。
用手指鼻子，
是说我自己。
借作虚词用，
自从即开始。
鼻是后起字，
代替自之义。

【解说】

“自”像人鼻子的形状。文字学界普遍认为，“自”最早就是“鼻”字。那么，它后来怎么成了“自己”的意思了呢？徐灏在《段注笺》中说，人们在说话的时候，往往用手指着鼻子讲“我怎么样怎么样……”，这样一来，原本表示鼻子的“自”字，就借过来专门代指“自我”“自己”了。于是，就在“自”下面加个“畀（bì）”，再造出个“鼻”字来。

zhōu

舟

字形演变：

甲骨文　金文　小篆　隶书

小船河上行，
舟字像其形。
两竖是船帮，
三横船舱分。
往返摆渡口，
利于两岸人。
风雨同舟时，
人人要齐心。

【解说】

“舟”的甲骨文、金文、小篆字形都刻画出了其形象：两边的两竖表示船的边沿，中间的三横表示用以分隔船舱的木板。传说，我国在远古之时，人们已懂得利用空心大木头浮在水面上前行；到了黄帝时期，伯益发明了集木板成舟的技术。“舟”和“船”意思相同，舟就是船。也有人说，舟是小船。笔者认为，严格地说，舟和船还是有所区别的：舟是摆渡用的，在河两岸周而复始地渡人，所以它的读音与“周”相似；船是沿河行进，负责长途运输的，所以“船”字和“沿”字的结构相近。

qí
齐

字形演变：

甲骨文　金文　小篆　隶书

齐字怎么解?

说文妙语来:

稻麦穗(suì)子平,

庄稼整齐态。

小篆顶不齐,

地势有高矮。

不齐而见齐,

许慎脑洞开。

【解说】

《说文》是这样解释“齐”的:禾麦吐穗时顶上是平整的(“禾麦吐穗上平也”)。而且指出它是个象形字。众所周知,许慎是根据小篆字形解释的,明明“”的顶端不齐,他怎么想得到甲骨文“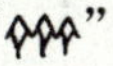”的平整之状的呢?这不能不说许慎老先生是文字学方面的天才!李孝定在《金文诂林读后记》中无比感叹地说,《说文》以“禾麦吐穗上平”来解释“齐”字,虽然不一定可信,但是也没有更好的解释了。

yī
衣

字形演变：

甲骨文　金文　小篆　隶书

衣字像衣裳，
遮羞御(yù)寒凉。
嫘(léi)祖兴蚕桑，
穿衣成风尚。
衣服做装饰，
越穿越漂亮。
衣乃人所依，
一点不夸张。

【解说】

《说文》解释说，“衣”，人们依靠它护体（“依也”）。穿在上面的叫“衣”，穿在下面的叫“裳（cháng）”。关于“衣”的功能，普遍认为有三：一是御寒，二是遮羞，三是装扮。由此可见衣之重要。也许有人会问，“衣食住行”四者对人来说须臾（yú）不可缺，为什么要把“衣”排第一位，而不是“食”呢？这是因为，古人认为“衣”“仪”同义，仁人君子首先就应该注意仪表端庄。

yáng
羊

字形演变：

甲骨文　金文　小篆　隶书

羊字像形体，
头角四足尾。
温和不相斗，
成群相依偎（wēi）。
甲文无祥字，
羊性合祥意。
贺岁大吉羊，
吉祥人人喜。

【解说】

孔子说，“牛”字、“羊”字的字形是按照它们的形体描绘出来的。加拿大汉学家明义士《柏根氏旧藏甲骨文字考释》里讲：“（甲骨文的‘’字）像羊头部正视形。”徐灏《段注笺》里对小篆“羊”字的解释是：上部像头、角，中部二画像四足左右分列，下部像尾巴。由于羊的性格温和而不斗，很是合群，这就造出个从羊君声、兼会意的“群”字来。

米（mǐ）

字形演变：

甲骨文　金文　小篆　隶书

一横为稻梗(gěng)，

六点是米粒。

别看颗粒小，

不吃腹中饥。

民以食为天，

世上最大事。

农民耕种苦，

粮食要珍惜。

【解说】

罗振玉《增订殷虚书契考释》说：甲骨文“”像米粒琐（suǒ）碎纵横的形状。意思是说，“米”是稻结的籽。这个解释是“米”的广义，凡禾粟（sù）之类的作物所结的果实都可以称为“米”，如玉米、小米等。从狭义上讲，“米”指的是稻谷碾（niǎn）去糠（kāng）后的“米仁”。米的等级很多，差的叫“糙”，上等的叫“粲（càn）”。孔子有句名言“食不厌精”，这个“精”字的本义是最好的“精白米”。

yǔ 羽

字形演变：

甲骨文　金文　小篆　隶书

羽字很形象，
就像双翅膀。
飞鸟全身毛，
翅上羽毛长（cháng）。
羽翅作用大，
扇动生气浪。
鸟儿振翅飞，
晴空任翱翔。

【解说】

《广韵》解释“羽”是鸟的翅膀。从字形上看，正像一双翅膀。可是，《说文》却说“羽”是鸟的“长（cháng）毛”。据说，鸟身上的羽毛长在不同的部位就有不同的叫法：背部的叫“毛”，腹下的叫“毳（cuì）”，翅上的才叫“羽”。可以想见，翅上的羽长得长，扇动起来更利于飞行。白居易有一首写燕子的诗，其中有四句是这样的：“一旦羽翼成，引上庭树枝。举翅不回顾，随风四散飞。”鸟的羽翼丰满之后，就可以任意翱翔了。

shēn

身

字形演变：

甲骨文　金文　小篆　隶书

身义是怀孕，
腹中怀儿胎。
shēn
身和娠同义，
十月生小孩。
身又指躯体，
人体全部在。
身体保健康，
生活劲头来。

【解说】

“身”这个字在甲骨文面世之前，有两种不同的解释。《说文》讲，“身”，像人躬（gōng）着身子（“躳也”）。《释名》说，“身”义同“伸”，像人的身躯可屈可伸。以上是一种说法。另一种解释如当代著名汉语言学家周法高《金文诂林》所言，“身”的甲骨文像妇人隆起腹部，有了身孕之形状。一看到甲骨文的“”，它的本义“怀妊有身”（怀孕）就显而易见了。不过在现代汉语中，“身”主要指人的躯体。

yǔ
雨

字形演变：

甲骨文　金文　小篆　隶书

雨字像其形，
字意很分明：
顶端是天空，
空中有阴云。
水凝珠点点，
雨滴落纷纷。
春雨润禾苗，
秋收庆丰登。

【解说】

甲骨文的“[illegible]”，像众多水珠从乌云里降下来的样子。而金文和小篆着重突出了“冂”（jiōng，字形像云）里有“水”（一竖四点），表示水零落其间。《周易·乾》中说：“云行雨施，品物流行。”意思是说，世间万物生长，无不依赖雨水滋润。杜甫《春夜喜雨》诗说：“好雨知时节，当春乃发生。随风潜入夜，润物细无声。”足见雨水是何等重要啊！

hǔ
虎

字形演变：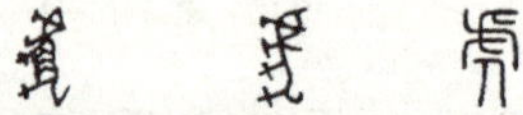 虎

甲骨文　金文　小篆　隶书

虎为兽中王，
血盆大口张。
行动快如风，
利爪逞凶狂。
英雄武二郎，
gāng
打虎井阳冈。
如今受保护，
不可把虎伤。

【解说】

在约十六万片甲骨中，仅有一片虎骨刻辞，上面记录着商王猎得一头猛虎的经过。这一珍稀文物现藏于加拿大皇家安大略博物馆。从这片虎骨上刻的“”字看，就是一副张着血盆大口、通体有着美丽花纹、尾巴修长而有力的形象，足见老虎不愧为山中之王。老虎又称“大虫”，这是因为唐高祖李渊的祖父叫李虎，唐代避讳（huì）不得说虎。为此，虎牢关曾一度改名为武牢关。

zhōu
周

字形演变：

甲骨文　金文　小篆　隶书

周朝农业兴，
庄稼种齐整。
农田有边界，
四周围田埂（gěng）。
周义为周密，
做事讲认真。
七天是一周，
学习要勤奋。

【解说】

当代著名古文字学家商承祚（zuò）《殷墟文字类编》说，甲骨文“田”，外面的方框状像四周田界；其中阡陌纵横，像田中种植的庄稼。所以说，“周”指的是田的四周、四至。而李孝定《甲骨文字集释》却说，甲骨文“周”正像田间作物疏密有致的形状。这就有了“周密”的意思。有人问：为什么七天称为一周？这是由于基督教规定，每七天做一次礼拜，周而复始，故而得名。

yú
鱼

字形演变：

甲骨文　金文　小篆　隶书

鱼儿是水虫，
生长水域中。
字形呈动态，
就像在游泳。
四点不是火，
它跟燕尾同。
熊掌禁食用，
吃鱼鲜味浓。

【解说】

《说文》解释说，“鱼”是生活在水中的动物（“水虫也”）。其实，水生动物种类很多，大体上可分为：有鳞的是鱼类，有甲的是龟鳖（biē）类，有壳的是虾蟹类，软体的是贻（yí）贝类。有个谜语是这样说的：“坐也是立，立也是立，行也是立，卧也是立”，极为形象生动地刻画了鱼在水中一直游个不停的状态。孟子有句名言：“鱼与熊掌，不可兼得。”现在，鱼仍然是人们餐桌上的主要肉类食物，而熊是保护动物，严禁猎杀。

tù
兔

字形演变：

甲骨文 金文 小篆 隶书

兔子真可爱，

cháng

耳长毛色白。

眼圆尾巴短，

奔跑速度快。

啃啃胡萝卜，

嚼嚼小青菜。

守株待兔事，

不会再重来。

【解说】

罗振玉《增订殷虚书契考释》说，甲骨文“”的形象是竖着长长的耳朵，翘（qiào）起短短的尾巴。这个描述一下子就抓住了兔子的特征。其实，兔子还有一些惹人喜爱的特点，如红眼睛、三瓣（bàn）嘴、奔跑快……有个成语“兔犬俱敝”，讲的是一条叫韩子卢的世界上跑得最快的狗，追逐一只叫东郭逡（qūn）的世界上最狡猾的兔子，它俩奔跑速度都相当了得。“环山者三，腾山者五”，难分胜负，到后来双方都极其疲惫，一前一后，各死其处。据测定，兔子的奔跑速度可以达到每小时八十千米。

hú
壶

字形演变：

甲骨文　金文　小篆　隶书

壶字很形象：

壶盖罩口上，

壶身腹中空，

两耳在边旁，

一横作支撑，

圈足放稳当。

葫芦亦称壶，

悬壶良药藏。

【解说】

“壶”是圆形的器皿。从甲骨文字形“”来看，上为壶盖，大而有余；中为壶身，敛口深腹；一侧壶嘴，一侧壶把；下为底座，稳稳当当。“壶”另有一解，通“瓠（hù）”。《诗经·豳风·七月》：“七月食瓜，八月断壶。”这里的“壶”就是瓠瓜，也叫葫芦。有则成语叫“悬壶济世”，古代医家用来装药丸的正是葫芦。

gāo
高

字形演变：

甲骨文　金文　小篆　隶书

上下两层楼，

口像门窗貌。

箭头所指处，

屋顶最为高。

危楼高百尺，

直插九重霄。

登高视野阔，

胸怀大目标。

【解说】

“高”与“低”是相对而言的，凡是在参照物之上的皆可称之为高。王筠在《说文释例》中发出感叹：“天之高，山之高，高者多矣……”对于这样一个比较抽象的概念，怎样才能用文字表现出来呢？造字的前贤想出个好办法，借楼台的顶端来表示最高处。常言道：山外有山，楼外有楼，真可谓“危楼高百尺，手可摘星辰”啊！

lù
鹿

字形演变： 鹿

甲骨文　金文　小篆　隶书

小鹿山中兽，
形象真传神：
双角分歧（qí）叉，
一对大眼睛；
毛色梅花状，
四足见分明。
天性特机警，
狂奔避敌情。

【解说】

鹿是食草动物，它属于山林野兽中的弱者，为避免遭受猛兽的袭击，练就了善于奔跑的本领。《说文》解说“鹿”这个字的字形，说它像“头角四足之形”。李孝定在《甲骨文字集释》中重点指出，甲骨文“”突出了鹿的头上“两角多歧”。有一种梅花鹿，毛皮特别美丽好看，所以“丽”的繁体“麗”从鹿。

xiàng
象

字形演变： 象

甲骨文　金文　小篆　隶书

象字像大象：
齿尖鼻子长（cháng），
两耳像蒲（pú）扇，
四肢粗又壮。
大象有多重？
将它船上装。
曹冲巧称象，
神童美名扬。

【解说】

“象”是地球陆地上现存最大的哺乳类动物，多生活于亚洲的印度和非洲的热带地区，我国云南西双版纳地区也是亚洲象的栖（qī）息地。其实，我国古代黄河河套一带也曾是象的栖息地，所以河南省的简称是“豫”，只是后来气候变冷，环境不适合大象生活，象群就此南迁了。“象”的字形造得非常像大象。正因如此，这就有了“象形字”的称谓。

yàn
燕

字形演变：   燕

甲骨文　小篆　隶书

燕子展双翅，
四月归来时。
檐（yán）下筑巢（cháo）忙，
房前呢（ní）喃（nán）语。
嘴尖像镊（niè）子，
尾巴似剪子。
一看此燕字，
便知形音义。

【解说】

《说文》解释“燕”是赤黑色的鸟（“玄鸟也”）。小篆“”的字形是从它背部来看的，它有着小钳（qián）子似的尖嘴，布帛般的双翅，枝丫一样的尾巴。后来，人们看到了甲骨文“”，完全是飞燕模样，惟妙惟肖，一目了然。有一种家燕，遍布我国，筑巢檐下，食虫，是益鸟。《月令》说：农历二月，燕子归来。这就表明，燕子冬迁南方，开春返回，属于候鸟。

指事字

shàng
上

字形演变：

甲骨文 古文 金文 小篆 隶书

两横有短长，

短横在长上。

本义指上面，

天在地上方。

好好学习者，

天天能向上。

或言上为高，

崇（chóng）高人仰望。

【解说】

《说文》指出，“上”是个指事字，可解释为高（“高也……指事也”）。《段注笺》说，上、下这两个字是没有办法用形状来表达的，所以用一长横作为参照物，短横加在参照物之上即为“上”，反之则为“下”。在实际运用中，“上”往往有“上一档次”的意思，如“上等”“上品”“上层”；也具有权力较大的意思，如“上级”“上司”等；还可以作动词用，如“上车”“上太空”等。

xià
下

字形演变：

甲骨文　金文　小篆　隶书

下跟上相反，
短横在下边。
头上是高天，
脚下是地面。
又指地位低，
下人任使唤。
不耻下问者，
真知听得见。

【解说】

《说文》："下"，底也。徐锴本《说文》有"从反上为下"五字。这就是说，"下"可以解释为"底下"，也就是与"高"相反，即为"低"。古文没有"低"字，"底"就是"低"。在日常用语中，"下"可以表示由高往低这个境况，如"下河""下坡"等，并无褒贬（bāo biǎn）之意；然而，用到官场上，如"下台""下马"等，就不光彩了。

rèn
刃

字形演变：  刃

甲骨文　金文　小篆　隶书

刀口加一点，
组合成刃字。
锋利在刀刃，
削铁快如泥。
快刀斩乱麻，
不费大力气。
杨志卖宝刀，
众人都称奇。

【解说】

“刃”，俗称“刀口”。《说文》解释说，“刃”指刀的坚刃部分，是锋利之所在（“刀坚也”）。王筠《说文释例》说，刀以刃为用，写“刃”这个字，不能离开“刀”而单独成体。他从小篆体的“刀”字说起，说它像有柄（bǐng）、有脊（jǐ）、有刃。但是要具体到“刃”在哪里呢？就得用“丶”来指出刃所在的地方。这就是“指事”造字法的妙处。

sháo
勺

字形演变：

甲骨文　金文　小篆　隶书

古人用餐时，
实行分食制。
勺子柄儿长，
东头转到西。
美味同分享，
卫生很注意。
良俗要发扬，
公勺公筷子。

【解说】

“勺”是舀取东西的器具。当代甲骨文学者金祥恒《长沙汉简零释（三）》中说，在古代，酒盛在“尊”（相当于酒坛子）里，必须用“勺”舀取出来，而后注入到“爵（jué）”（相当于酒杯）之中。我们看金文字形“”的特征，它除了用小短横表示勺子里的东西外，还有一根长长的柄，这样才能伸进酒坛里；也只有这样，才能把舀取出来的酒分送到邻座的酒杯里。

tiān
天

字形演变：

甲骨文　金文　小篆　隶书

大是人正面，
人头上是天。
天虽高且远，
抬头能看见。
高天寒流急，
风云瞬(shùn)息变。
世间最大事，
民以食为天。

【解说】

“天”这个字，《说文》讲它是“从一大”，即“一”与“大”组合，是个会意字。可是，《通训定声》解释说：“大”表示正面的人。“天”在人的头顶之上，仰起头来就可以看到。“一”是个指事符号。说“天”是个指事字，甲骨文“”一看就再明白不过：它上面的“”夸大了人的头部，是在强调，“天”是至高无上的。常言道：“民以食为天”，解决老百姓的吃饭问题，是天底下最大的事情啊！

zhōng/zhòng

中

字形演变：

甲骨文　金文　小篆　隶书

中与外相对，
意思是指内。
战时竖中旗，
聚众四周围。
首领在当中，
此即中央意。
也作射中(zhòng)义，
箭中靶(bǎ)心里。

【解说】

“中”有两读，一读 zhōng，“当中”的“中”；二读 zhòng，“命中”的“中”。从甲骨文“”看，它像一面飘动的旗帜（zhì），上下有飘带；在两条飘带间，用小方框指出这个部位就是“中”。当代著名文字学家唐兰《殷虚文字记》说，古代每有大事，就在旷（kuàng）野的中心点竖一面大旗，群众望见后即从四面八方聚拢来。这个插旗子的位置就成为中央。“中”怎么又表示“命中”这个意思呢？《通训定声》解释说，“中”还有箭射中靶心的意思——框像靶子，中间一竖则像箭。

dān
丹

字形演变：

甲骨文　金文　小篆　隶书

井中采赤石，
短横指丹砂(shā)。
块大如鸡子，
状似芙蓉(fú róng)花。
近赤皆称丹，
国画颜色佳。
朱砂石中精，
丹药功效大。

【解说】

“丹”的字形从甲骨文到金文、小篆，几乎相同。《说文》解释“丹”，说它是出产于巴越（“巴”即四川东部地区，“越”是两广一带）的赤石。“丹”的字形像采丹之井，中间的点指的是丹石。《段注》说：“丹者石之精，故凡药物之精者曰丹。”《段注笺》：“丹有五色，赤者为贵，遂（suì）独擅（shàn）其名，引申之，凡色近赤者皆曰丹。”

gān
甘

字形演变：

甲骨文　金文　小篆　隶书

食物口中含，

味道美不美？

甘甜不忍咽（yàn），

久久品滋味。

甘由百谷生，

谷熟飘香气。

农民多辛劳，

粮食当爱惜。

【解说】

《说文》解释说，“甘”，就是味美（“美也”）。字形是“口”里含“一”（短横），这个短横表示味道。杨树达《文字形义学》说，味道是没有办法描摹（mó）形状的，只得用“一”加以表示。《段注》又说，“甘”为五味之一；然而，五味都可以称之为甘。不管什么食物，含在嘴里都是有滋有味的。食物的美味是从哪里来的呢？《义证》的解答是：“……甘味生于百谷。”

shēng

生

字形演变：

甲骨文　金文　小篆　隶书

地上出新芽，
表示草木生。
幼芽初出土，
生命力旺盛。
沐阳光雨露，
遍地绿茵(yīn)茵。
人类永不息，
生生复进进。

【解说】

甲骨文的“㞢”，下面一横表示土地，上面有个“屮（chè）”表示草木的嫩芽。而金文及以后的小篆，下面的一横改成了“土”。《说文》讲，“生”的本义是表示草木从土地里生长出来（“象草木生出土上”）。“生”是个多义字：嫩芽从土中钻出，即有“出生”之义；幼苗越长越大，便是“长进”之义；表示不熟的意思，如“生饭”；不认识的人称“生人”，不认识的字叫“生字”；正在学校读书的人便是“学生”……“生”字生机勃勃，许许多多意义会不断地产生出来。

zhǔ
主

字形演变：

甲骨文　金文　小篆　隶书

古人居洞穴（xué），

夜晚无光照。

长（zhǎng）者举枯木，

燃烧出火苗。

主字像灯具，

亮点最重要。

坐在主座上，

必定是领导。

【解说】

商承祚《殷墟文字类编》说，甲骨文的“”，字形像火炬（jù）。远古时代，人们靠焚（fén）烧木头产生火光，用以照明。“主”指的是火炬上的火苗。金文“”、小篆“”，字形就像一盏点燃的油灯：下面的“土”像灯座，上面的“U”形像灯盏，灯盏里的“丶”是火苗（这里的“丶”读作zhǔ，称之为“灯炷”）。可想而知，灯炷对油灯来说才是最主要的。时至今日，在偏僻（pì）的乡村，还可以见到这种形状的“豆油灯”。

lì
立

字形演变： 立

甲骨文　金文　小篆　隶书

一横指平地，
大是正面人。
人在地上立，
字义油然生。
站立当站稳，
做人要做正。
从小立志向，
学习更勤奋。

【解说】

“立”的本义是“站住”。当代文献学家张舜徽《说文解字约注》(以下简称《约注》)中说，“立”与“行”相对，所以说“立”的意思是“住”。近现代文字学家林义光在《文源》中也说，“立”像人正立在地上。从字形看，“大，人也；一，地也”(徐铉)。我们现在常说“从小要立志向”，这里的“立”用的是引申义，意思是“树立”“确立”。

bái

白

字形演变：

甲骨文　金文　小篆　隶书

日上顶尖处，
意为光初生。
东方鱼肚白，
早晨空气新。
洁白玉质好，
清白人性纯。
黑白要分辨，
是非莫相混。

【解说】

《通训定声》说，小篆“白”字是在“日”上加一短竖（正楷短竖变成一撇），表示日未出之时的初生微光。太阳没有完全跳出地平线时，先露出的光是白色的。商承祚《说文中之古文考》根据甲骨文字的形状作如下解释：“Ɵ”就是“日”的顶端凸起，表示太阳露出白色，即将冉（rǎn）冉升起，霞光万道，大放光明。由于白是霜或雪的颜色，所以又引申出“纯洁”“干净”等义，组词如“纯白”“白净”等；白又与黑相对，所以又引申出“正确”之义，组词如“是非黑白”等。

zhì
至

字形演变：

甲骨文　金文　小篆　隶书

竹箭射中一，
一横代靶子。
百步穿杨者，
神箭养由基。
或说鸟下来，
至地可休息。
鸟至或箭至，
意义无差异。

【解说】

古往今来，文字学家解说“至”都是很有趣味的。许慎《说文》讲，小篆的“至”，表示鸟从高空飞落到地上来（“鸟飞从高下至地也”）。他还拿“不”与“至”作比较，说道：“不”像鸟向天上飞，只能看到尾巴；“至”像鸟头向下，一直飞到地面。罗振玉《雪堂金石文字跋尾》却说，甲骨文“”是一支倒着的“矢（shǐ，箭）”，从远处射到地上。笔者认为，至就是到，管他是鸟还是箭，从天上到达地面就是“至”。现代汉语中，也不特指从天上到地下了，只要是表示从这一处到那一处，都可以用“至”。

zhū
朱

字形演变：

甲骨文　金文　小篆　隶书

木加指事符，
在中即为朱。
本义指树干，
干粗大用处。
或言指木心，
松柏赤心树。
人近朱者赤，
名言当记住。

【解说】

《说文》解释说，“朱”从木，一横标志树木的中心（“从木，一在其中”），松柏一类的树木都是红心的（“赤心木，松柏属”）。这就是“朱”和“赤（红色）”同义的缘由。《系传》指出，“朱”用的是指事造字法，一横在木当中，就如同“本”一横在木之下、“末”一横在木之上，它们都是指事字。《段注笺》认为，“朱”是“株”的古文，它的本义是指树干，由于“朱”用来专指红色，于是加个木字旁，就有了后来的植株的“株”。

xuè
血

字形演变：   血

甲骨文　小篆　隶书

器皿盛牲血，
祭祀献神明。
茹(rú)毛饮血时，
荐(jiàn)血视为诚。
血亦为鲜血，
血液流全身。
血浓胜于水，
献血救病人。

【解说】

《说文》解释说，“血”是指古代祭祀时献给神明的牲畜的血（“祭所荐牲血也”）。其实，血是人和动物身体内的一种循（xún）环流淌、周身供给营养的红色液体。“血”的甲骨文上面的空心圆点，表示滴在器皿里的血液。罗振玉《增订殷虚书契考释》特地指出，（器皿中的血液）小篆与甲骨文的表现方法不同，小篆是从侧面看的，血滴就成了水平的一条横线；甲骨文是俯视看的，血滴看上去就成了圆点的形状。

会意字

yǒu
友

字形演变：

甲骨文　金文　小篆　隶书

友字两只手，

我手牵你手。

朋友如兄弟，

有难伸援(yuán)手。

朋友相护佑(yòu)，

风雨能同舟。

交友心真诚，

友谊天地久。

【解说】

《说文》解释说，“友”，是指两个人志趣相投的意思（“同志为友”）。从甲骨文“”到小篆“”，都是两个“又”并列在一起。“又”就是“手”。两个人手拉手并肩走，他俩定是好朋友。有道是“朋友如手足”，如同亲兄弟一般。交友之道在于以诚相待、相互尊重、相互帮助、携（xié）手并进。在众多朋友之中，能称得上“知己”的尤为难得，故有“人生得一知己足矣”的说法。

jiàn
见（見）

字形演变：

甲骨文　金文　小篆　隶书

人上目为見，

视力靠眼睛。

眼睛明又亮，

样样看得清。

见多而识广，

定是聪明人。

要想看得远，

更上楼一层。

【解说】

甲骨文“”从儿（“儿”古文通“人”）从目，会意字，意思是“看见”。《说文》：“见，视也。”这就是说，“见”与“视”是同义词。《段注》却说：“见”与“视”只是近义，细分是有区别的，于是有“视而不见”的说法。那么，它俩区别在哪儿呢？当代古文字学家裘锡圭《甲骨文中的见与视》讲得很明白：甲骨文的“见”下面的“人”是跪坐着的；甲骨文“视”字里的“人”是站立的。

wéi
为（爲）

字形演变：

甲骨文　金文　小篆　隶书

爲字手牵象，

象听人指挥。

大象力气大，

助人有作为。

闲时做运输，

干活不喊累。

战时排象阵，

奋勇令敌畏。

【解说】

罗振玉《增订殷虚书契考释》说，甲骨文“”的字形是手牵象，意思是古人驯化大象来帮助劳作。近代著名学者王国维据《吕氏春秋》中有关商人利用大象去征伐（fá）东夷（yí）各族的记载，得出“殷（yīn）代有象之确证”的结论。正因为河南省古代有象（位于中原地区，黄河中下游，气候温和湿润，适宜象群生活），所以简称“豫（yù）”。李孝定《甲骨文字集释》说，以手牵象者就是有作为之人。所以，“作为”就成了“为”的引申义。

shū
书

字形演变：

甲骨文　金文　小篆　隶书

桌上纸一张，
yàn
砚中墨飘香。
书是指写字，
写出好文章。
小儿上学堂，
　　láng
读书声琅琅。
知识有力量，
　zhuó
幼苗茁壮长。

【解说】

《说文·叙》解释说，将文字写在竹简或帛（丝织物）上，这个动作就叫“书”。也就是说，书的本义是“书写”。关于书写的工具和材料，《通训定声》说，上古时（写字记事）用刀刻在竹或木上，中古时用漆画在帛上，后世用墨写在纸上。甲骨文的“”，它由“又”（手）、“聿”（yù，笔）、“口”（器皿）三部分组成，意思是手握着笔，在墨池里蘸（zhàn）墨汁。这是多么形象啊！

yuè/lè

乐（樂）

字形演变： 樂

甲骨文	金文	小篆	隶书

樂本指器乐，
五声八音义。
木柱为架子，
架上悬鼓鼙。
听到音乐声，
放喉弄舞姿。
乐字有两读，
乐起乐滋滋。

【解说】

《说文》解释说，“樂”是五声八音的总称（“五声八音总名”）。“五声”是古代音乐中的五种音阶官、商、角（jué）、徵（zhǐ）、羽，相当于现代简谱的1、2、3、5、6；“八音”是丝、竹、金、革等八种材质的乐器。字的形状像木架子上架着大鼓小鼙（pí）。罗振玉说，甲骨文“”是丝（弦乐）附在木上，表示琴瑟（sè）的形状。而金文、小篆当中增加了一个“白”，代表弹拨琴瑟的大拇指。“乐”有两读，一读 yuè，音乐的乐；二读 lè，快乐的乐。当你听到优美的音乐，不就感到快乐了吗？

gòng

共

字形演变：

甲骨文　古文　金文　小篆　隶书

玉璧(bì)双手捧，

恭敬把宝送。

共字有古文，

四手相连通。

两人同做事，

协(xié)力才成功。

同舟遇患难，

相济(jì)情意浓。

【解说】

“共”的字义是“共同”。甲骨文的“”，左右两个“又”（手），共同捧着一个“口”（物件）。王筠《说文释例》说道：古文“”是四只手，表示两人之手相连，是在共做一件事。张舜徽《约注》认为：“共”是“拱”的本字，在湖湘（xiāng）一带至今还是把两人共持一物向上举这个动作称为“拱上去”。郭沫若先生则说：我以为“共”的意思是拱璧。

yǒu
有

字形演变：

甲骨文　金文　小篆　隶书

甲文有作又，
手握物则有。
金文字形变，
手里持有肉。
古人何为食？
全靠捕禽兽。
有属会意字，
食肉人所求。

【解说】

“有”字怎么解？《说文》根据《春秋·隐公三年》关于“日月有日蚀（shí）、月蚀现象”的记载，作出了“不宜有”的解释。《段注》讲：“不宜有”是说，本来不应当有的，竟然还是有了。这是因为，古人以为日蚀、月蚀都是不祥之兆，不应该发生。可是徐灏认为“有”字不从“月”而从“肉”。他在《段注笺》里说：古人不知种庄稼，吃的是鸟兽之肉。所以，手持肉就是“有”。周法高《金文诂林》也说：“有”字从手持肉，寓意为“有无之有”，其义甚（shèn）明。

jiá
夹

字形演变：  夹

甲骨文　金文　小篆　隶书

大人力气大，
小人夹腋(yè)下。
大人带小人，
一起向前行。
夹义是夹住，
同行要相助。
夹或有捉意，
人被挟(xié)持去。

【解说】

“夹”的字形变化不大，一看就可以领会到字意：一个大人的左右腋窝里各抱持着一个小人。《说文》解释“夹”的意思就是“持”。“夹”另有一解，意为“劫持”“捕捉”。《段注》说：捕捉东西必须要用两只手，所以凡是捉拿都可以说成“夹”。林义光《文源》：“（夹）象二人相向夹一人之形。”（左右二人捉住当中的一个人。）

lìng
令

字形演变：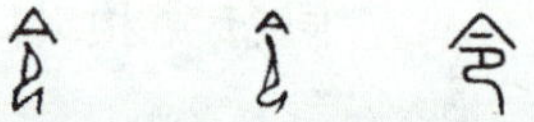 令

甲骨文　金文　小篆　隶书

部队纪律严，
一切听命令。
军令如山倒，
坚决来执行。
令作敬词用，
您父称令尊。
巧言令色者，
劝君莫轻信。

【解说】

《说文》解释说，“令”的意思是发号施令（“发号也”）。从甲骨文的字形“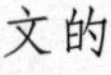”看，上面的“”表示倒着的口，下面有个跪着的人。林义光《文源》说：“令”字从口在人上，像上级发号施令、下级跪伏听从。这里补充说明一下“令”与“命”的关系。“命”和“令”的甲骨文字形是一样的，表明古文里这两个字相通；金文“命”就在“令”的左下部加了个“口”（），表示来自更高层的号召（即“大令为命”）。

tóng
同

字形演变：

甲骨文　金文　小篆　隶书

同字是何义？
合力打地基。
凡指拉绳人，
口像大圆石。
众人同声喊，
齐心用力气。
房子造坚固，
家人得安居。

【解说】

《说文》解释“同”是“会合”的意思（“合会也”）。近代文字学家刘心源《奇觚室吉金文述》里讲：“同”是上“凡”下“口”的组合，属于会意字。这里的“凡”和“口”如同一幅图像，四个人从不同的方向用绳子拉着一块大圆石，他们在同心协力打地基。杨树达《积微居小学述林》说：“凡口为同，犹如亼（jí）口为合。”于是就有了“合力同心”之说。由于打地基的时候众人动作要齐，就得一起喊口号，又产生了一个成语叫“异口同声”。

xiū
休

字形演变：

甲骨文　金文　小篆　隶书

休从人从木，
人背靠树上。
干活时间久，
稍歇精力旺。
劳逸相结合，
有弛也有张。
或言天气热，
树下乘阴凉。

【解说】

《说文》解释说，“休”，从人依木，意思是人靠在树干上休息（“息止也”）。李孝定《甲骨文字集释》说，“休”的甲骨文像人倚靠大树休息的样子。以上所说，都是指人在田里干活干得太累了，只得背靠大树，稍作喘（chuǎn）息。“休”有个异体字“庥”。唐代张参《五经文字》说，这个字像人息于树荫之下。这就是说，“休”还可以作“树荫下纳凉”解释。“前人栽树，后人乘凉”说的就是这个意思，这个成语现在多用来比喻为子孙后代造福。

hé
合

字形演变：

甲骨文　金文　小篆　隶书

上面是倒口，
正往下口盖。
两口相对接，
表示合一块。
合属于器皿，
盒字后出来。
引申义会合，
和合好口彩。

【解说】

《说文》解释“合”，意思是两口相合（“合口也”）。桂馥说，“亼”是倒着的口，“合”字的意思是表示两口对合。余永梁《殷虚文字考》中说，甲骨文字形“合”，像器皿和盖子相组合的形状。李孝定《甲骨文字集释》中也说，“合”字表示器皿和盖子吻合得天衣无缝，所以它的引申义为会合。他还说，“合”字应当是“盒”字的古文。

xiàng

向

字形演变：

甲骨文　金文　小篆　隶书

眼前一幢(zhuàng)房，
墙中一扇窗。
一看就明白，
向义是朝向。
窗向南面开，
四季沐阳光。
冬天挡寒风，
堵住北向窗。

【解说】

《说文》解释说，“向”是朝北开的窗户（“北出牖也”）。《段注笺》说，古代居住的屋子是前堂后室，前面朝南的窗子叫“牖（yǒu）”，室后朝北的窗子叫“向”。《诗经·豳风·七月》：“十月蟋蟀入我床下……塞向墐（jìn）户”，意思是说，天冷的时候，用泥巴堵住朝北的窗户。

míng
名

字形演变：

甲骨文　金文　小篆　隶书

名从夕从口，

这是何原因？

夜晚天黑暗，

对面看不清。

你问我是谁，

我报名和姓。

夜行当自名，

免得嫌(xián)疑生。

【解说】

“名”字甲骨文的字形是左夕右口，金文、小篆改为上夕下口。“名”字为什么要从口从夕呢？造这个“名”字关系到古代的一种礼制：晚上天黑，人们必须打着灯笼才能夜行；如果摸黑行走，见到对面模模糊糊的人影，就要自报自己的姓名，让对方知道你是谁，以免发生误会（参见《礼记·内则》）。《说文》解释：“名，自命也。”这里的“命”是命名的意思，即对自己的称呼。

duō
多

字形演变：

甲骨文　金文　小篆　隶书

古代祭祖先，
zǎi
宰杀羊猪牛。
礼毕分祭品，
一人一块肉。
拿到两块肉，
表示多享受。
两块肉为多，
多占不该有。

【解说】

在甲骨文还没有被发现之前，文字学家普遍认为，“多”字写作上下“夕”，意为重复（夕而又朝，朝而又夕，重复无穷）。可是，甲骨文出现后人们发现，“多”不是“两个夕”，而是“两块肉”。王国维说：“多从二肉会意。”李孝定《甲骨文字集释》中也说，古时候，每次祭祀祖先完毕，就将用作供品的肉分给参加祭拜的人，每人一块，公平合理；如果有人拿到两块，便比别人多了。

hǎo

好

字形演变：  好

甲骨文　金文　小篆　隶书

有子又有女，
会意是好字。
子女双全者，
真是好福气。
写成女右子，
女郎妙龄时。
好义引申美，
美好皆欢喜。

【解说】

唐兰《天壤阁甲骨文存并考释》说，“好”本指一位女性，是商王武丁妻子的名字——妇好。而在这个名字里，“好”是姓，读 zǐ，“妇”是一种亲属称谓。西汉文学家扬雄《方言》说，凡是美的（东西）都可以称为“好”。到了东汉，许慎《说文》说，这个从女从子的“好”字，本义是指美丽的女子（“美也”）。《段注》指出:“好”的本义是指妙龄少女，“美”是它的引申义，与“丑恶”相对。所以就有了“人情好恶”之说。

mǎi
买（買）

字形演变：

甲骨文　金文　小篆　隶书

買字网下贝，
花钱把货买。
货款付出后，
东西放网袋。
zhuàn
赚钱卖方喜，
货好买家爱。
交易要双赢，
公平诚信在。

【解说】

甲骨文“”，上面是网（“网”做部首时写成“罒”），下面是贝。商承祚《殷契佚存考释》说，（“买”这个字）像从网中取贝的形状。当代甲骨学家孙海波《卜辞文字小记》说，“买”字从网从贝，有获得之义……古人做交易是以贝作为货币的，“上网下贝”就有了出卖东西的人从交易中获得利益这个意思。与“买”相对的是“卖”。最早的“卖”字写法是上“出”下“買”，表达的意思是把东西卖出去了。

jìn
进（進）

字形演变：

甲骨文　金文　小篆　隶书

鸟儿有特征，
不退只前行。
隹加走之底，
進义说分明。
大鸟跨步走，
小鸟蹦不停。
古人细观察，
造字真用心。

【解说】

“进”的繁体字写作“進”，它是“隹”加个走之底，意思是鸟在行走。古人通过仔细观察，发现鸟行走只会向前，不会后退，所以进的本义是“前进”。“进”有多个义项，还可以解释为“登”（见《说文》）、“升”（见顾野王《玉篇》），譬（pì）如：古代科举考试，登科及第者称为“进士”；现代官场有“进步”一说，指的是官职“步步高升”之意。

xiào

孝

字形演变：

甲骨文　金文　小篆　隶书

下子上背老，
组字就是孝。
人老身体差，
诸（zhū）事难理料。
子女奉双亲，
样样服侍（shì）到。
年轻助年长，
社会风气好。

【解说】

“孝”这个字的上部像一位披着长发躬着身躯的老人，下面的“子”表示背老人的小伙子。也有人认为，这个字形表示年轻人搀（chān）扶老年人。它传给人们的信息是：善待父母、精心侍奉的行为就叫“孝”。《释名》说，“孝”可以解释为“好”。爱父母，处处用行动让长辈开心，这样的好品德当然能够获得老人的喜欢；让老人舒心、安度晚年，就是孝顺。

bù

步

字形演变：

甲骨文　金文　小篆　隶书

双脚分前后，
前后相轮流。
上下止为步，
会意是行走。
前足止后起，
协同向前头。
中华要振兴，
大步莫停留。

【解说】

《说文》解释说，“步”是行走的意思（“行也”）。上面的“止”和下面的“少”，表示两只脚相背。《段注》解释说，这里的“相背”，就是两只脚“相随”的意思。《段注笺》说，人行走的状态是前脚停止而后脚迈出，所以一止一出称为“步”。甲骨文的“步”字更加形象化：大拇指在右的是左脚，在左的是右脚。商承祚《殷墟文字类编》说，“步”像两只脚相互配合，一前一后，反复轮替，这就是前进的样子。

nán
男

字形演变：

甲骨文　金文　小篆　隶书

男字从田力，
田间干活忙。
华夏重农桑，
历史很久长。
男耕而女织，
勤劳第一桩(zhuāng)。
家庭欲兴旺，
男儿当自强。

【解说】

《说文》解释说，“男”是指成年男子（“丈夫也”。注意，这个“丈夫”和现在的“丈夫”不是一个意思）。这个字从田从力，意思是说男子在田地里用力干活。当代古文字学家徐中舒《甲骨文字典》中说，“男”字表示在田间从事农耕之意。古人认为，耕种这些体力活是男人的事情。李孝定《甲骨文字集释》讲，男女这两个字在文字的形体上是很难加以区分的。于是，造字者就想出了这样一个办法，从男耕女织这样天然分工来加以分别。由此可见，造字之人是多么聪明啊！

lì

利

字形演变： 利

甲骨文　金文　小篆　隶书

左禾右边刀，

收割用镰刀。

工欲利其事，

磨刀很重要。

利指刀锋利，

利刃效率高。（效率 xiào lǜ）

丰收利益多，

农家生活好。

【解说】

“利”从刀从禾，这个字的本义是指收割庄稼的镰刀很锋利。刀快，干起活来就利索。按常理而言，种庄稼的目的是为了有所收获，收麦割稻正是农民得益之时。所以，“利”可以解释为“利益”。清代学者俞樾（yú yuè）《儿笘录》说，“利”是个会意字，它告诉我们，土地的出产，最为贵重的应当属于禾（谷物）。用刀去收割谷物，这才是种地的利（益）所在，没有比这个更大的好处了。

bīng
兵

字形演变：

甲骨文　金文　小篆　隶书

兵字指兵器，
双手握斧子。
也指当兵人，
杀敌勇无比。
甲文有箭头，
字符无人识。
唐兰释为斤，
破解千古疑。

【解说】

金文、小篆的“兵”字，都是双手举着“斤”（斧头），所以《说文》解释“兵”是兵器（“械也”）。然而，甲骨文“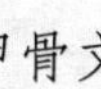”上面是个箭头，这是怎么回事？李孝定说：甲骨文里面带有“”（箭头）的字很多，以前人们都不认识。自从唐兰先生破释出这个符号是“斤”，就此豁然开朗。“兵”还有一义，指握兵器的“士兵”。

zuò

坐

字形演变：

甲骨文　金文　小篆　隶书

人在草席上，

坐字义明朗。

两人相对坐，

有事共商量。

亲朋聚一起，

并坐拉家常。

同学排排坐，

读书在课堂。

【解说】

远古之时没有凳子、椅子，人们休息时只得双膝跪地，把臀（tún）部靠在脚后跟上。《说文》说，“坐”的意思是止息（“止也”），字形从土（上坐两人）。后来发明了草席，人们就拿席子垫（diàn）着坐在地上，这就是甲骨文“”。《通训定声》说，古人双膝着席，这就叫“席地而坐”。坐的姿势是很有讲究的，臀部靠着腿叫“坐”，耸起身体（臀部没有依靠）叫“跪”。跪可以说成跪坐，但是坐不可以说成跪。

chū

初

字形演变：

甲骨文　金文　小篆　隶书

手上握剪刀，
准备裁衣料。
衣裳啥式样，
尺寸要量好。
初义是开始，
事先有目标。
初衷(zhōng)永不改，
奔向康庄道。

【解说】

《说文》解释说，“初”的本义是开始，字形从刀从衣，表示用剪刀开始裁衣（“始也。……裁衣之始也”）。近现代历史学家吴其昌《金文名象疏证》说，最初，民众穿的衣裳都是用刀裁割兽皮做成的。衣裳新出于刀，这就有了初始的意义。譬如“初步”，意思是迈出了第一步；“正月初一”，是指农历新年开始的第一天。“初”还代指“原来的”，如“初衷”“初心”等。

画（畫）

huà

字形演变：

甲骨文　金文　小篆　隶书

上部手握笔，
下面图画形。
畫是会意字，
表示疆界分。
描摹物之像，
绘画称写生。
引申作计划，
画出满园春。

【解说】

繁体字“畫”，上面的“聿”是笔，下部的“画”表示田的四周边界。《说文》解释说，“画”的本义是划分田界（“界也”）。古文中“画”与“划”同。甲骨文的“”更为形象生动：它的上部是手握笔，下面像画出来的图形。因此，王国维解释这个字就是绘画的“画”。郭沫若认为这是“以规画圆之意”，于是引申出“规画（划）”一词。“画”还有“写”的意思，如“签字画押”；写字的每一笔称之为“一画”。

diǎn

典

字形演变：

甲骨文　古文　金文　小篆　隶书

典是手捧册，
读书长知识。
知识如海洋，
开卷大有益。
学生查字典，
生字可认知。
字有形音义，
一查就明晰（xī）。

【解说】

“典”这个字，甲骨文字形是双手捧着书册；小篆字形是把书籍尊奉在书架上。《说文》解释说，“典”是五帝的书册（“五帝之书也”。《孔子家语》说：五帝是指黄帝、颛顼［zhuān xū］、尧［yáo］、舜、禹［yǔ］）。由此可见，“典”的本义是“经典”，是文人雅士写作时用以引经据典的不朽（xiǔ）之作。我国古代重要文献统称为“典籍”。“典”还可指典范性书籍，如“字典”“辞典”等。

cǎi

采

字形演变：

采

甲骨文　金文　小篆　隶书

树上果累累，
伸手取下来。
爪木组成字，
会意就是采。
因地而制宜，
山坡果树栽。
鲜果应时令，
及时来采摘。

【解说】

《说文》解释说，“采”是摘取的意思（“捋［luō］取也”），小篆的字形由爪和木组合。然而，甲骨文“”的下部并不是“木”，而是“果”，它明确无误地告诉人们，这是采摘树上的果子。罗振玉《增订殷虚书契考释》说，“采”是用手摘取树上的果子。所以，字形从爪从果。金文、小篆是省果从木。“采”还有选取、搜集、开发、利用等引申义，如“采访”（搜集寻访）、“采纳”（接受意见）等。

pǐn
品

字形演变：

甲骨文　金文　小篆　隶书

品字三个口，
寓意是众人。
味道好不好，
大众来点评。
众口齐称赞，
必然是上品。
引申为品德，
德高人尊敬。

【解说】

“品”字的字形几乎没有变化，都是三个“口”相叠加。“口”既可以看作人，也可以当成物，表示众多的意思。“品”是多义字，如“品味”（品尝味道）、“品种”（分门别类）、“品节”（人的品行操守）、“品评”（判别质量优劣）、“品第”（评定等级）等。有一种字形结构叫“品形字”，它是由三个相同字符相垒而成的，如三个牛的“犇（bēn）”、三个金的“鑫（xīn）”等。

kàn
看

字形演变：

甲骨文　金文　小篆　隶书

悟空搭凉棚，
看西又看东。
目在手之下，
手形写成爪。
看义如同望，
以手遮阳光。
用眼防疲劳，
视力保护好。

【解说】

“看”是上手下目，《说文》解释说，“看”的字义与“望”相同（“睎也”。“睎”读 xī，意思是远望）。徐锴《系传》说，“看”是用手遮住刺眼的阳光向远处望去。桂馥《义证》说，眺（tiào）望远方有点模糊不清时，往往用手遮住眼睛上方，就容易看清楚了。通常而言，“看”是比较认真仔细的，绝非草率（shuài）地瞧一下。如看书，那是要下功夫阅读的；看望，表示很真诚地探访；看法，对所看到的事物都要思考一番，等等。

bǎo

保

字形演变：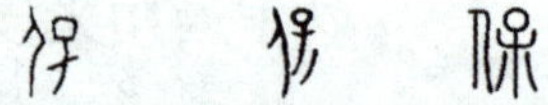 保

甲骨文　金文　小篆　隶书

人子组成保，
呵护小宝宝。
怀中叫作抱，
背后称作保。
社会保障多，
生活福利高。
要想环境好，
环保第一条。

【解说】

《说文》解释说，“保”是养育的意思（“养也”）。这个字的结构是左人右子，表示母亲背着孩子。唐兰《殷虚文字记》说，把婴儿包裹在怀里叫抱，把小孩背负在后面叫保。所以，“保”字像人反手背负小儿的样子。引申有“保养”之义。我们看甲骨文的“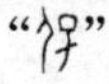”，右边是“子”，后来的小篆怎么会写成“呆”了呢？这是为了字形漂亮，加上一撇（piě）一捺（nà），作为装饰（shì），使“保”字变得好看。

shí
食

字形演变：

甲骨文　金文　小篆　隶书

食字表示吃，
意指口中粮。
民以食为天，
不吃饿得慌。
庄稼农民种，
助农不能忘。
粮食夺丰收，
碗中米饭香。

【解说】

《说文》解释说，“食”这个字的意思是聚集的米（“亼米也”。段玉裁认为，“亼”应该是“亼”字，而“亼”正是“集”的意思）。《段注》解释说：“食”上面的“亼”是集，下面的“皀（jí）”是馨（xīn）香的谷物。其实，“食”表现的是人张着嘴巴，对着煮熟后飘着香气的米饭，它的本义应该是“吃”，也可引申为供人果腹的食物。“食”还是个多音字。当它读作sì时，字义同“饲”，即拿东西喂给他人吃；另有一读为yì，用于人名，汉朝初期有人名叫郦食其（lì yì jī）。

měi

美

字形演变： 美

甲骨文　金文　小篆　隶书

美不是大羊，
大是人形象。
男子饰毛羽，
美观又大方。
女郎头插花，
每字寓漂亮。
提倡(chàng)真善美，
社会正气扬。

【解说】

《说文》是依照小篆“美”字进行解说的，认为这个字从羊从大，意思是味道甜美。段玉裁作注为：“羊大则肥美。”可是，甲骨文“”表现的是人头上戴有装饰物，字义为美好。中国当代古文字学家于省吾《释羌、苟、敬、美》指出，“大”是人正立的形状；古人头上总喜欢戴羊角形的装饰品，这样就显得美观漂亮。《金文诂林》说，古人爱打扮，羽毛插在女子头上就是“每”，插在男子头上便为“美”。

gōng
宫

字形演变：

甲骨文　金文　小篆　隶书

古代房叫宫，

贵贱(jiàn)名称同。

外面有围墙，

住宅(zhái)在其中。

自打秦汉后，

宫名皇家用。

故宫博物院，

历史尤厚重。

【解说】

《说文》解释说，“宫”是宫室（人的居所）（“室也”）。桂馥《义证》说，古代不分高低贵贱，住房都称为“宫”；自秦汉以后，只有帝王居住的房屋宅院才称作“宫”。商承祚《殷墟文字类编》说，“宫”这个字是宝盖头里面一个“吕”，总体像在院子里有数间房屋的形状，“吕”也有几间屋子彼此相连之意。现在，一些文化娱乐场所也叫作“宫”，如“文化宫”“青年宫”“少年宫”等。

jiā
家

字形演变：  家

甲骨文 金文 小篆 隶书

宝盖头下豕（shǐ），
组合成家字。
家中养猪崽，
产生私有制。
猪多肥料多，
庄稼好长势。
年年获丰收，
户户乐安居。

【解说】

“家”是亲属共同生活的居所，也表示社会最小单位——家庭。它的字形结构为什么是宝盖头里面一个“豕”（豕即猪）呢？这个问题争论了两千多年，直到戴家祥《金文大字典》才讲清楚：我国父系社会晚期开始拥有私有财产，出现了一夫一妻制的小家庭，这就是“家”的最初意义。甲骨文“”是房子里养着猪，这就是每个家庭最早的财富。考古发现，古代的民居一侧建有上为人厕所下为猪圈（juàn）的建筑物。正因如此，才有了“上厕所”之说。

yì
益

字形演变：

甲骨文 金文 小篆 隶书

皿字像器具，
水皿为益字。
注水至桶口，
益有富裕（yù）义。
水过满则漫（màn），
溢出就损失。
常言满招损，
谦虚大受益。

【解说】

“益”的字形是上面一个横着写的“水”，高于下面盛水的器皿，本义是表示水溢出。《说文》解释“益”是富饶（ráo）有余的意思（“饶也”）。显然这是“益”的引申义。清代方濬益《缀遗斋彝器款识考释·益公钟》说，古文没有“溢”，只有“益”。因为“益”的字义逐渐扩展为增、多、富、长、过、大、裕……这就将“益”加水字旁，造出个“溢”，专指水（或液体）外溢泛滥（làn）之义。

dé
得

字形演变：

甲骨文　金文　小篆　隶书

路见一串贝，

顺手来捡拾。

手上拿着贝，

表示有所得。

古代贝作钱，

得钱则受益。

拾金还失主，

难得好品质。

【解说】

《说文》解释说，“得”指的是行走在路上拾到财物（“行有所得也”）。甲骨文字形“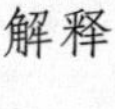”是手拿着贝壳。罗振玉《增订殷虚书契考释》说，古代视贝为宝，所以用贝作为商品等价物，即货币。“得”从贝从又（又就是手），意为得到、得益。清代邵瑛（shào yīng）《说文群经正字》（以下简称《群经正字》）指出，小篆的“得”，右边是上见下寸，后来变成了上旦下寸，这就是现在的“得”，如此变化，再也看不出“得”与“贝”有关这个造字初衷了。

jí
集

字形演变：

甲骨文　金文　小篆　隶书

鸟儿树上立，
隹木组成集。
字义为集聚，
群鸟聚一起。
集曾写作雧，
三隹众多意。
改成一个隹，
简化是趋势。

【解说】

“集”最早写作“雧”。《说文》解释说，“雧”表示一群鸟聚集在树木之上（“群鸟在木上也”）。“集”是“雧”的简省写法。蒋人傑《说文解字集注》说，“集”字上部的“隹”就是“鸟”，在古籍里它俩是一个字，只是笔画有繁简而已。孙海波《甲骨文字研究》说，甲骨文“”、金文“”都像群鸟停在树木之上，这就是“集”字的本义。由于古“雧”字有三个“隹”，所以，“集”就有了“多”的意思。如“文集”，就是会合许多著作编成的书。

雀

què

字形演变：

甲骨文　金文　小篆　隶书

麻雀依人鸟，
节节足足叫。
屋檐下栖宿，
门前欢蹦跳。
雀有大和小，
孔雀大又高。
雄孔雀尾美，
开屏众人瞧。

【解说】

《说文》解释说，“雀”是依傍着人类而生存的小鸟（“依人小鸟也”），字形从小从隹。《段注》说，“雀”俗称麻雀，羽毛是灰褐（hè）色的，叫起来声音像“节节足足”。桂馥引用《古今注》说，麻雀雅称“嘉宾”，是说它栖宿在人家，就如同宾客一般。麻雀走起路来总是蹦蹦跳跳，样子十分欢快，于是就产生了“欢呼雀跃”这一成语。

sēn
森

字形演变：  森

甲骨文　金文　小篆　隶书

独木实伶仃(líng dīng)，

丛木成树林。

林上再加木，

森林广无垠(yín)。

绿化环境美，

空气多清新。

植树好处多，

荒山变黄金。

【解说】

《说文》解释说，“森”，树木众多的样子（“木多皃［mào，通‘貌’］”），字形是从林从木。上面一个木，下面两个木，字的总体呈品字形；凡是品形字都可以会意。宋末元初戴侗《六书故》说，“森”是指林木量多且高大茂密。由于森林无边无际，就引申出众多、繁盛之义，如“森立”“森然”等；因森林中的树木长得高耸整齐，让人有肃然起敬之感，这就产生出“森严”一词。

形声字

gōng
攻

字形演变：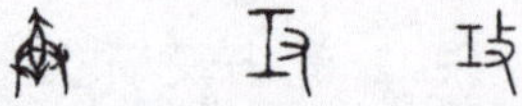 攻

甲骨文　金文　小篆　隶书

攻是指击打，
工具往下砸。
一说是治玉，
巧匠有办法。
或是作战图，
围城怎么打？
选准薄（bó）弱点，
猛攻定拿下。

【解说】

《说文》解释说，“攻”的字义是攻击（“击也”）。王筠《句读》说，无论是攻城攻敌，还是攻金攻玉，都要进行击打。所以，许慎先生把“攻”统称为“击”。甲骨文“”，仿佛是手握利器，正在击打一块方形物体。余永梁《殷虚文字考》说，根据《周礼》记载，“工”的功能是“攻玉”。由于治玉是一个精心打造的过程，所以人们把致力于学习称为“攻书”，将反复研究叫作“专攻”。

lì
丽（麗）

字形演变：

甲骨文　金文　小篆　隶书

从鹿读音丽，
繁体写作麗。
鹿皮花纹好，
越看越美丽。
鹿角枝成双，
lì
丽有俪侣义。
俪句文词雅，
kàng
伉俪好夫妻。

【解说】

《说文》解释说，“丽”是指鹿结伴而行。鹿有个特性，发现食物后哪怕形势再紧急也要一起冲过去。古代礼制规定，订婚时男方要把两张鹿皮送给女方作为聘（pìn）礼。王筠说，“丽”像两张鹿皮的形状，鹿皮用作聘礼是本义，而代指结成伴侣是引申义。其实，“丽”与“美”同义，这是因为鹿的皮很美丽（好看）。有“天生丽质”一语，用以形容女子漂亮。

shí

时（時）

字形演变：

甲骨文　古文　金文　小篆　隶书

时从日寺声，
一年四季分。
古代无钟表，
如何计时辰？
日晷（guǐ）看阴影，
夜漏听水声。
时间很宝贵，
寸金寸光阴。

【解说】

《说文》解释说，“时”，指（春夏秋冬）四时（“四时也”），字形是从日寺声。通俗地说，“时”的字义就是时间。《段注》说，岁、月、日、刻，都可以称为时。以上是从广义上说的。狭义的“时”则是指一小时，即现在国际上通用的计时单位。既然有“小时”之称，那么有相对的“大时”吗？有。我国旧时的计时单位，是将一昼夜分为十二个“时辰”，分别为子、丑、寅（yín）、卯（mǎo）、辰、巳（sì）、午、未、申、酉（yǒu）、戌（xū）、亥（hài）。子时是现在的23时至次日1时，之后每个时辰加两个小时，以此类推。一个时辰等于两个小时，所以，时辰也称“大时”。

dǎo
岛

字形演变： 島

甲骨文　金文　小篆　隶书

水面一座山，

山上有飞鸟。

形声兼会意，

此字就是岛。

汪洋大海中，

航行路遥遥。

岛字读若到，

岛屿（yǔ）可停靠。

【解说】

《说文》解释说，大海之中往往可以依托休止的地方叫“岛”（“海中往往有山可依止，曰岛”）。从山鸟声。《释名》说，“岛”的读音近似于“到”，岛既是人可以到达的地方，也是鸟可以栖息的地方。据此可知，“岛”是形声兼会意字。其实，海洋或江河湖泊（pō）里四面被水围着的陆地都可以称为“岛”。如果小岛排列成串，就叫作“岛链（liàn）”。不过，还有三面临水一面连接陆地的，则称之为“半岛”。

鸡(雞)

jī

字形演变：

甲骨文	金文	小篆	隶书
[illegible]	[illegible]	[illegible]	雞

雞字部首隹，
读音近似奚(xī)。
公鸡喔喔啼(tí)，
早早唤晨起。
母鸡咯咯叫，
常常下蛋子。
农家场院大，
户户爱养鸡。

【解说】

《说文》解释说，“雞”是知道时辰的家禽（“知时畜也”）。从隹，奚声。籀（zhòu）文写作“鷄”，从鸟。商承祚《殷墟文字类编》说，甲骨卜辞中，“鸡”有许多写法，但是都像鸡的形状，高高的冠子，长长的尾巴，一看就可以区别于其他禽类。其实，这是指的雄鸡模样。这样描述也许是因为只有雄鸡才会报时。

bēn
奔

字形演变：

甲骨文　金文　小篆　隶书

奔字很传神，
意思是疾行。
兵贵在神速，
突袭(xí)急行军。
举旗向前进，
大步似流星。
人人皆踊(yǒng)跃，
奋勇杀敌人。

【解说】

《说文》解释说，“奔”是快跑的意思（“走也”。古文中“走”就是“跑”）。又说，这个字从夭（yāo）。《段注》说，“夭”是双腿弯曲的样子。凡是奔走，总是弯着双腿快速前行。林义光《文源》指出，奔的下面不是“卉（huì）”，一见金文“”的字形便知，它是一串足迹，奔走时速度快，只能看到许多脚印。一般说来，“奔”还有“急”的意思，如，水流湍急，可以称为“奔腾不息”；再如，有急事遍告众人，则说作“奔走相告”。

guó
国（國）

字形演变：

甲骨文　金文　小篆　隶书

国的繁体國，
大口里面或。
或义为地域，
百姓可劳作。
大口读若围，
守界保家国。
保国靠武装，
国强幸福多。

【解说】

《说文》解释说，“国”是封地（“邦也”）。字的结构是外“口（wéi）”内“或”。《段注》说，《周礼》有“大曰邦，小曰国”之说，意思是封地范围大的叫“邦”，封地面积小的叫“国”。其实，“邦”和“国”同义，都是指诸侯（hóu）的领地。甲骨文“”（即“或”），它是繁体“國”的初文。著名古文字学家陈梦家《释“國”“文”》：“”以戈（gē）守口，像保卫国家的样子。后来“或”的字义被虚词“或者”等所专用，于是增加了“口”成“國”。

hé
和（龢）

字形演变： 和

甲骨文　金文　小篆　隶书

和与龢同音，
字义有区分：
从口是声乐，
异口而同声；
从龠是器乐，
合奏音齐整。
如今龢简化，
乐和要同心。

【解说】

《说文》解释说，“和”的意思是相应和（“相应也”）。从口，禾声。《诗经·郑风·萚兮》有“叔兮伯兮，倡予和女”之句（倡就是唱），译成白话就是：叔啊伯啊，你们领唱我来和。由此可见“和”是声乐，众人合唱。“和”有个同音同义字“龢”，不过，仔细辨别一下还是有所不同的：后者是器乐，即乐器合奏。现在“龢”字已经简化成“和”了。凡是合唱或合奏，都必须协调一致，这就叫作“和谐”。

hé
河

字形演变：

甲骨文　金文　小篆　隶书

河从水声可，
古代指黄河。
途经黄土地，
奔腾入海流。
河为水总名，
南江北称河。
河水到处流，
利民方为可。
汛（xùn）期防泛滥，
治水需良策。
水利修得好，
百姓乐呵呵。

【解说】

《说文》解释说，“河”是水流的名称（特指黄河）。它出自敦煌（dūn huáng）、边塞之外的昆仑山，从水源出发，注入渤海。从水可声。张舜徽《约注》说，“河”从上游穿行至黄土高原，裹挟泥沙而下，再流至平原，致使水中泥沙过多，终年浑黄，所以得名“黄河”，又叫“浊河”“中国河”。自此，“河”则作为河流的总名。《通训定声》说，水流在北方统称“河”，在南方统称“江”。黄河是我国第二大河，它发源于青藏高原巴颜喀（kā）拉山脉北麓（lù）各姿各雅山下的卡日曲河谷和约古宗列盆地，自西向东流经青海、四川、甘肃、宁夏、内蒙古、陕西、山西、河南、山东九大省份，最后注入渤海。

xīng
星（曐）

字形演变：

甲骨文　金文　小篆　隶书

星从晶音生，
繁曐亮晶晶。
简化写成星，
星星数不清。
宇宙无边际，
科学日日新。
探索课题广，
登月奔火星。

【解说】

“星”是古文字“曐”的简省写法。《说文》解释说，“曐”的本义是指万物的精华，又指天上的众多星星（“万物之精，上列为星”）。从晶生声。由于“星”有精华之义，于是用以比喻杰出人物，如“科技新星”“电影明星”等；又因“星”看上去星星点点，于是用以形容零碎细小的东西，如“星火燎原”等；“星”还可以拿来作为衡量（héng liáng）级别的标志，如“五星上将”“四星级宾馆”等。

shùn
顺

字形演变：

甲骨文　金文　小篆　隶书

顺从页声川，
头发理齐整。
飘逸（yì）秀发美，
蓬乱不精神。
头发常梳理，
习惯要养成。
引申义恭顺，
孝顺父母亲。

【解说】

《说文》解释说，“顺”的字义是梳理头发（“理也”）。字形由页和川组成。张舜徽《约注》说道：人要经常梳头，这样才能使头发不蓬乱。由于梳理后的头发都朝一个方向，因此，“顺”就成了“逆”的反义词。如“顺风顺水”“顺水推舟”等，是跟逆向行驶相对。子女对父母要孝顺，与之相反就叫“忤逆子”。再者，写文章最基本的要求是“通顺”，文字疙疙瘩瘩的话，让人怎么读得下去？

jǔ
举

字形演变：

甲骨文　金文　小篆　隶书

举义是对举，

从手声为与。

力大能举鼎(dǐng)，

霸(bà)王名项羽。

举头望明月，

李白千古句。

若遇贤能者，

一定要抬举。

【解说】

《说文》解释说，“举”是对举的意思（“对举也”），从手与声。所谓“对举”，应当是双手合力向上托举重物这个动作。据史书记载，项羽力能举鼎，因而威名扬天下。如今的举重运动，无论是抓举，还是挺举，大力士们都得用双手使劲把杠铃举上去。由于“举”有抬着向上的意思，就产生出“抬举”一词。由于要把优秀的人才提拔到重要岗位，古代有“科举”，当代有“选举”，此外还有通过熟悉的人“荐举”的。

wàng

望

字形演变：

甲骨文　金文　小篆　隶书

目在壬上方，
组成一个望。
举头望晴空，
明月挂天上。
中秋月儿圆，
赏月好时光。
月圆人团圆，
圆满最理想。

【解说】

《说文》解释说，“望”是指人流亡在外，家里盼望他回来（“出亡在外，望其还也”）。“望”有个异体字“朢”。不过，邵瑛《群经正字》认为两者是有区别的，瞻望之望写作“望”，朔朢之朢写作“朢”。不过，现在已经统一写作“望”了。顺便说一下，什么叫“朔望”呢？朔望二字都跟月亮有关，那就是农历每月初一夜看不到月亮，称为“朔”；十五夜晚月亮圆圆亮亮，称为“望”。在没有月亮的黑夜总想望到月亮，这就是“希望”。

xīn

新

字形演变：  新

甲骨文　金文　小篆　隶书

新从斤声亲，
斧头砍柴薪。
薪是累增字，
原先就是新。
新与旧相对，
世事万象更。
新人纷纷出，
薪火代代承。

【解说】

《说文》解释说，“新”的意思是砍取树木（“取木也”），从木亲声。根据这个解释，“新”应该是“薪”的原文。我们不妨看一下甲骨文“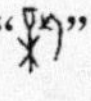”，如前所说，“”是斧子，砍下树木，取回家当柴火，字义是“薪”无疑。但是，表示刚刚出现的、味道鲜美等的新事物，这个抽象概念很难表现出来，于是就借用意为木柴的“新”来代替，而后在“新”上加个草字头，再造出个“薪”字来。